PROGRÈS
DES SCIENCES ET DES ARTS
DE
LA MARINE FRANÇAISE,
DEPUIS LA PAIX.

OUVRAGES PUBLIÉS PAR L'AUTEUR.

DÉVELOPPEMENTS DE GÉOMÉTRIE, avec des applications à la stabilité des vaisseaux, etc., etc., in-4°, 1813.

ANALYSE DU TABLEAU DE L'ARCHITECTURE NAVALE, aux 18e et 19e siècles, in-4°, 1815.

DU RÉTABLISSEMENT DE L'ACADÉMIE DE MARINE, in-8°, 1815.

MÉMOIRES SUR LA MARINE ET LES PONTS-ET-CHAUSSÉES DE FRANCE ET D'ANGLETERRE, contenant deux relations de voyages faits par l'auteur dans les ports d'Angleterre, d'Écosse et d'Irlande, dans les années 1816, 1817 et 1818; la description de la jetée de Plymouth et du canal Calédonien, etc., in-8°, 1818.

VOYAGES DANS LA GRANDE-BRETAGNE (sous presse). Ire Partie. *Force militaire de la Grande-Bretagne*, doit paraître à la fin d'avril, 2 vol. in-4°, avec Atlas. 2me Partie. *Force navale*, 2 vol. in-4°, avec Atlas. 3me Partie. *Force sociale, et Travaux civils des Ponts-et-Chaussées*, 2 vol. in-4°, avec Atlas.

Prix de chaque Partie : 22 francs pour les Souscripteurs, 25 francs pour les non-Souscripteurs. La Souscription, fermée pour la 1re Partie, est ouverte pour la 2de et la 3me. (On souscrit chez BACHELIER, libraire, quai des Augustins, N°. 55.)

INSTITUT ROYAL DE FRANCE.

PROGRÈS
DES SCIENCES ET DES ARTS
DE
LA MARINE FRANÇAISE,
DEPUIS LA PAIX.

DISCOURS LU A LA SÉANCE PUBLIQUE DE L'ACADÉMIE DES SCIENCES, LE 27 MARS 1820,

PAR CH. DUPIN,
MEMBRE DE L'INSTITUT, OFFICIER-SUPÉRIEUR AU CORPS DU GÉNIE MARITIME, etc.

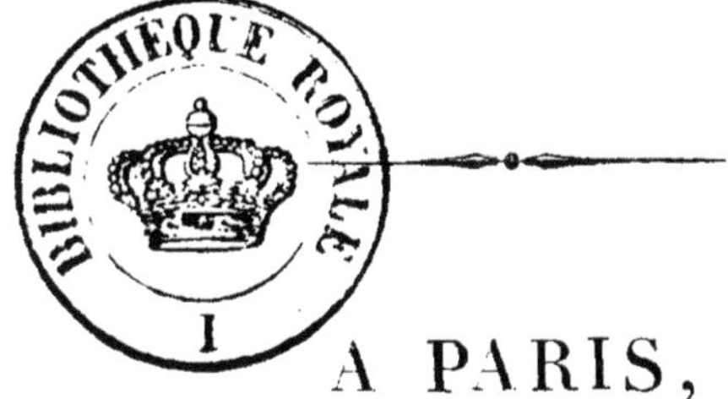

A PARIS,
DE L'IMPRIMERIE DE FIRMIN DIDOT,
IMPRIMEUR DU ROI, DE L'INSTITUT, ET DE LA MARINE,
RUE JACOB, N° 24.
1820.

PROGRÈS
DES SCIENCES ET DES ARTS
DE
LA MARINE FRANÇAISE,
DEPUIS LA PAIX.

MESSIEURS,

JE vais essayer de suivre, dans leurs progrès les plus récents, les connaissances relatives à la Marine. Je partirai de l'époque où la paix, en mettant un terme à des luttes sanglantes, n'a plus permis aux défenseurs de l'état, de le servir autrement que par des méditations, des veilles et des travaux industriels ou scientifiques.

Ce n'est pas au milieu de la guerre que la Marine peut faire les plus grands pas vers la perfection. La condition essentielle est alors de faire beaucoup en peu de temps; de sacrifier, s'il le faut, les moyens rigoureux aux moyens expéditifs, et la route la meilleure en elle-même à la route la mieux connue de tous. Mais au retour de la paix, l'extrême rapidité des opérations descend au rang des conditions secondaires: c'est le temps de lutter contre les difficultés longues à surmonter, et d'apprendre péniblement à rendre facile et prompte la parfaite exécution des travaux les plus compliqués.

Voilà, Messieurs, ce qu'ont entrepris les Marins de toutes les classes, de toutes les professions. Ils ont fait la revue de leurs arts variés, en s'efforçant d'y porter le flambeau de la théorie.

L'architecture navale, quoique placée au premier rang parmi ces arts, promettait peu de découvertes à des recherches nouvelles; et la cause en est honorable pour la France. Dès son début dans la carrière, un ingénieur célèbre (1), que l'Institut a reçu dans son sein, et qui cette année préside l'Académie, avait su donner à la carène de nos vaisseaux, ces formes heureuses dont tous les éléments sont si bien combinés, qu'ils procurent au navire la rapidité de la marche, la douceur des mouvements, la facilité des évolutions: et l'on n'acheta point ces dons précieux de la mobilité aux dépens d'une stabilité plus

(1) M. Sané, ancien inspecteur-général du Génie maritime.

précieuse encore, sur l'élément des tempêtes et des naufrages.

Cet hommage, que je rends aux travaux du maître sous lequel j'ai fait mes premiers pas dans la carrière, n'est qu'un faible écho de l'hommage rendu par nos rivaux mêmes, au plus fort des inimitiés d'une guerre implacable. Écoutons le jugement prononcé par les commissaires de la Marine Britannique, dans un rapport solemnel, adressé au souverain et transmis au parlement, au sujet des moyens de perfectionner les éléments de la force navale (1) : « Lorsque nous avons « construit exactement, d'après la forme des meil- « leurs vaisseaux français, disent-ils, et que nous « avons joint nos talents d'exécution aux connais- « sances théoriques de nos rivaux, nous avons « obtenu des bâtiments reconnus pour les meil- « leurs de notre Marine. » Nous avouerons à notre tour, avec la même franchise, que les Anglais nous ont fourni d'utiles exemples, pour perfectionner maintes parties de nos travaux; sur-tout depuis la paix. Nous cherchons comme eux à

---

(1) Troisième rapport fait au roi d'Angleterre par les commissaires chargés de la révision des affaires civiles de la marine de l'État, page 194. Ordre d'imprimer, 16 juillet 1806.

rendre nos vaisseaux plus redoutables dans l'attaque, et moins faibles dans la défense. Il s'agit aujourd'hui de rendre leurs batteries plus profondes, plus libres, plus commodes pour le service de la nombreuse artillerie qui fait toute leur puissance; il s'agit, en agrandissant cet espace, de le couvrir de bouches à feu d'une force plus grande. Néanmoins, graces aux calculs appuyés sur des théories maintenant bien connues, nous pouvons obtenir ces avantages nouveaux, sans faire perdre aux navires les qualités qu'ils avaient précédemment acquises.

On a poussé plus loin les innovations. La proue, et sur-tout la pouppe, étaient surchargées de pilastres et de corniches, de festons et de guirlandes, de bas-reliefs et de statues. Sous ce luxe bizarre étaient cachés des points faibles par où les projectiles pénétrant sans rencontrer aucun obstacle, traversaient le vaisseau dans toute sa longueur, et renversaient les défenseurs, déployés suivant cette même direction, comme pour recevoir plus sûrement la même mort des mêmes coups. Mais, à-présent, on s'occupe des moyens de rendre par-tout également résistante une citadelle par-tout également exposée. On méprise un vain ornement, et l'on conçoit qu'il n'est pour les navires de l'État qu'une seule décoration qui les puisse embellir : c'est la guirlande et la couronne d'un véritable laurier, attaché par la victoire aux pouppes et aux proues du triomphateur.

En sacrifiant ce qui peut plaire à ce qui doit défendre, ne croyez point, messieurs, qu'une injuste haine pour les beaux-arts fasse dédaigner leurs chefs-d'œuvre. Par-tout nous nous efforçons de conserver les débris échappés à l'incurie de l'ignorance et au vandalisme des révolutions.

A Toulon, des trophées dignes des victoires qu'ils rappellent, décorent, depuis la paix, les collections de la science et de l'industrie.

Sous Louis XIV, l'auteur du Milon de Crotone et du Saint-Sébastien, sculptait pour la marine française, dans le plus bel arsenal de la Méditerranée. Son ciseau produisait les statues et les bas-reliefs destinés à décorer les navires que Duquesne a montés pour défaire les Espagnols et vaincre Ruyter aux rives de la Sicile. Avec des soins infinis, on a sauvé de la destruction le bois trop peu durable sur lequel est sculptée l'œuvre du Puget; et plusieurs générations de héros pourront encore chercher des émotions et des inspirations, en admirant ces monuments glorieux d'un âge qui s'offrira toujours à notre imagination, au même rang que les âges consacrés par les noms d'Auguste et de Médicis.

Tandis que les beaux-arts, rendus au luxe de la paix, s'éloignent de nos vaisseaux, les sciences du calcul, de la géométrie et de la mécanique soumettent à leurs lois des formes jusqu'alors arbitraires et capricieuses. Par leurs secours on s'efforce à déterminer le degré de résistance qu'il est possible d'atteindre dans toutes les parties auparavant trop vulnérables. Des essais heureux sont tentés sur des frégates (1), d'autres le sont sur des vaisseaux (2). Le temps, qui détruit si promptement tout ce qui flotte sur la mer, et qui force la main de l'homme à réédifier sans cesse, aura bientôt remplacé par des bâtiments plus redou-

---

(1) Frégates de M. Simon, officier supérieur au corps du génie maritime. Une première est commencée avec les perfectionnements proposés par M. Simon lui-même. Une seconde va l'être avec les perfectionnements proposés par l'amiral Willaumez, si connu par ses beaux combats dans l'Inde, et par son expérience dans toutes les parties de son art.

(2) Nous citerons ici le vaisseau de M. Pestel, sous-directeur des constructions navales à Brest. L'ordre d'exécution de ce vaisseau date de 1819. La marine française doit à M. Pestel les plus belles frégates qu'elle ait eues jusqu'à ce jour.

tables, les bâtiments de guerre construits sur de moins sages principes.

Vous serez étonnés, sans doute, en m'entendant parler de ces ravages opérés si rapidement par les seuls effets du temps, sans compter les destructions instantanées des batailles et des tempêtes. Vous en prendrez quelque idée en considérant un moment ces vaisseaux du premier rang dont la masse n'offre de toutes parts que des arbres énormes artistement travaillés pour les adapter à des formes précises; contournés avec adresse pour ne rien diminuer de leur force naturelle; combinés les uns avec les autres pour se prêter un mutuel support; et de toutes parts traversés, attachés, enlacés par des colliers et des chaînes, des axes et des courbes, des mains et des bras, ou d'airain ou de fer. Eh bien! malgré tant de moyens accumulés par la prévoyance, quatorze ans suffisent aux forces invisibles, mais infatigables de la nature, pour porter le délabrement et la vétusté dans ce chef-d'œuvre de nos arts. L'action combinée du poids d'une masse inerte et des répulsions inégales de la mer qui presse sa carène, la corrosion produite par des eaux saturées d'un principe destructeur; les alternatives de sécheresse et d'humidité, de froid et de chaleur de l'atmosphère, voilà les causes de la courte durée des plus beaux édifices de l'architecture navale.

S'il est impossible à l'homme de suspendre les ravages du temps, il peut du moins retarder et diminuer ces ravages : tel doit être, tel est le but de nos efforts. A tous les moyens suggérés par l'expérience de nos concitoyens, nous joignons les moyens empruntés des peuples les plus ingénieux. Le Hollandais nous apprend, par un simple mastic (1), à garantir de l'action galvanique et préserver de la corrosion ces chevilles, ces clous de fer cachés sous le cuivre d'un doublage qui procure à la marche du navire une rapidité nouvelle. L'Anglais, en donnant une direction oblique et bien combinée aux grandes liaisons de la charpente des vaisseaux, reproduit, perfectionne à beaucoup d'égards, et rend en quelque sorte nouveau, un système (2) qui prit parmi

(1) C'est M. Rolland, inspecteur-général du génie maritime, qui a fait connaître à la marine française ce moyen conservateur, dans un mémoire rédigé à la suite d'un voyage que cet inspecteur a fait en Hollande.

(2) En 1818, la construction d'un soixante-quatorze, suivant ces nouveaux principes de charpente, a été résolue. Dans la

nous sa naissance, et qui ne permet plus à la carène de se déformer par l'action de la mer.

A ces améliorations principales se rattachent une foule de perfectionnements dans les arts variés qui concourent à la construction, au gréement, à l'armement d'un navire. Une pompe nouvelle (1), simple dans sa structure, facile dans sa manœuvre, et puissante dans son effet, donne une sécurité plus grande contre le danger d'une voie d'eau; danger si redoutable lorsqu'on est loin de la terre, et privé de tout secours.

Souvent les tempêtes, sans endommager la carène, arrachent le gouvernail, l'engloutissent, et laissent le navire à la merci des flots, au moment où leur fureur est le plus à craindre : on a trouvé (2) le moyen de construire et de placer

---

frégate de M. Simon, à laquelle l'amiral Willaumez a proposé de faire des améliorations, on va suivre le même système.

(1) M. Pierre, de Cherbourg, a fait connaître, en 1819, la pompe ingénieuse qu'il vient d'inventer et dont la marine s'est empressée d'ordonner l'examen : on a commandé pour le port de Brest, plusieurs pompes de cette espèce.

(2) C'est à M. Dusseuil, capitaine de frégate en retraite, que la marine française est redevable de la nouvelle installation du gouvernail de rechange. Les épreuves toutes récentes faites à

avec plus de célérité qu'on ne l'avait fait encore, un nouveau gouvernail qui rend soudain au timonier son empire sur la mer.

Dans les mouillages, on commence à combiner l'usage des câbles de fer (1) avec celui des câbles de chanvre : ces derniers, moins chers, résistent mieux contre un choc violent et brusque ; mais les premiers l'emportent par la durée : ils perdent beaucoup moins de leur force par l'action de l'eau, de l'air et de la chaleur ; et lorsque l'ancre est jetée sur des fonds hérissés de pierres aiguës, ils ne peuvent pas être coupés par un frottement de quelques heures contre le tranchant des rochers.

Vous avez pu remarquer, messieurs, à l'exposition des produits de notre industrie, (2) auprès des riches tissus réservés pour l'opulence, d'autres tissus plus modestes, grossiers dans leur as-

---

Brest, d'après les ordres du contre-amiral Gourdon, ne laissent rien à desirer.

(1) On a pour la première fois installé ces cables à bord de l'Isère, de la Loire, etc, en 1818, dans les ports de Dunkerque et de Brest.

(2) M. Leboucher Villegaudin, de Rennes, a obtenu, dans la dernière exposition des produits de l'industrie, une médaille d'argent, pour les progrès qu'il a fait faire à la fabrication de ces toiles. Rapport du jury central, p. p. 67 et 68.

pect, mais légers pour leur force, et destinés à servir de voiles à nos vaisseaux. Les juges du concours ont déclaré ces derniers tissus plus parfaits que les meilleurs produits du même genre obtenus jusqu'à ce jour. Un art bien simple en apparence, et qui pourtant demande les secours de la physique, de la chimie et de la mécanique, la corderie s'est récemment perfectionnée dans nos ports (1). Par une torsion plus savante, on obtient des câbles et des cordages qui contiennent moins de matière, et néanmoins ont plus de force que les produits des anciens procédés. Si le grément de nos mâts et de nos voiles peut être désormais rendu plus léger, plus favorable à la facilité, à la rapidité des manœuvres, c'est, graces aux travaux récents d'un ingénieur (2) qui, dans le port d'Anvers, construisait vingt vaisseaux à-

(1) En 1817, 1818 et 1819.

(2) Le colonel Lair, directeur des constructions navales, à Brest. C'est en conservant à tous les fils une égale tension dans le commettage, et réglant avec une précision nouvelle la marche du chariot qui détermine le degré de la torsion, qu'il a fabriqué des cordages plus forts qu'on ne savait en faire dans nos arsenaux. On verra bientôt jusqu'à quel point cette augmentation de force permet de diminuer la grosseur de tous les éléments du grément d'un navire.

la-fois, et présentait le spectacle d'une flotte entière, naissante, et s'élevant sur la rive conquise d'un vaste fleuve, comme une ville batave érigée tout-à-coup sur quelque plage auparavant couverte par les eaux. Ces citadelles mobiles étaient bâties, défendues et sauvées par des conscrits-ouvriers, que l'on commençait d'instruire en leur faisant tenter de pareils coups d'essai (1).

L'Académie a placé parmi ses correspondants un ingénieur (2) dont les machines ont soumis à la force du vent le curage de nos bassins de construction, et les procédés variés du broiement des couleurs, du sciage et du perçage des bois (3), du laminage, et du tournage des cylindres et des feuilles métalliques. L'auteur de ces nombreux

---

(1) Les vaisseaux subsistent encore; et le corps admirable qui les bâtit et qui les défendit, n'est plus! Espérons que le ministère entendra l'expression patriotique des regrets que cette destruction a causés à tous les amis de notre force maritime et de notre gloire nationale......

(2) M. Hubert, officier supérieur au corps du génie maritime.

(3) C'est en 1815 et 1816 que M. Hubert a construit son moulin à scier les bois : le moulin à curer est antérieur. Les autres machines ont été décrites dans un mémoire présenté à l'institut, vers la fin de 1815.

travaux a fait aussi de la corderie (1) l'objet nouveau de ses observations et de ses perfectionnements. Enfin, dans un arsenal où Coulomb fonda jadis sa théorie des machines simples, cherchant comme lui des vérités spéciales dans l'étude de la nature et dans l'art des expériences, il a fait sur la percussion (2) une série d'épreuves extrêmement remarquables. Elles ont eu pour but et pour résultat de calculer la possibilité, la disposition et l'effet de pesants martinets mus par la main des hommes. Ces martinets servent maintenant à des opérations métallurgiques, pour lesquelles l'action des courants et de la vapeur d'eau semblait seule un moteur assez puissant.

En améliorant les moyens d'exécuter, on s'est

(1) M. Delessert, associé libre de l'académie des sciences, ayant fait don à la marine d'une machine inventée par Fulton, pour filer le chanvre des cordages, M. Hubert en a fait l'examen comparativement à la machine ingénieuse dont il est lui-même auteur. M. Hubert est aussi l'auteur d'un dynamomètre servant à mesurer la force des cordages, et, depuis 1814, établi dans tous les ports de France.

(2) C'est en 1818 que M. Hubert a fait connaître ces expériences dans un mémoire approuvé par l'académie des sciences et mis au nombre de ceux qui font partie de la collection des savants étrangers.

efforcé de donner aux produits, des positions et des formes plus appropriées à leur destination.

A ces tonneaux d'un bois corruptible, qui, dans les longues traversées, ôtent à l'eau sa fraîcheur et souvent sa salubrité, on a commencé de substituer des caisses en fer (1). Hermétiquement fermées, elles interceptent toute action putréfiante extérieure; elles conservent, pendant plusieurs années, à l'eau qu'elles renferment, sa limpidité, sa pûreté, et ce goût qui n'est parfait que par l'absence de toute espèce de goût étranger.

On ne s'est pas contenté de ce moyen conservateur. On s'est occupé, avec un succès tout nouveau, des moyens de suppléer, dans beaucoup de cas, aux approvisionnements d'eau douce, en rendant potable celle de la mer. C'est ce qu'on doit aux travaux d'un chimiste distingué (2) et d'un navigateur (3) qui parcourt à-présent l'autre

(1) Cette innovation date de 1817 : elle a d'ailleurs l'avantage d'économiser dans la calle un espace très-précieux, parceque la forme cubique des caisses en fer empêche qu'il y ait entre elles aucun vide inutile.

(2) M. Clément, ancien élève de l'école Polytechnique, aujourd'hui professeur au Conservatoire de l'industrie française : il a publié en 1816, dans les annales de physique et de chimie, le résultat de ses expériences.

(3) M. Freycinet, capitaine de vaisseau.

hémisphère, sur les traces des Bougainville et des la Peyrouse. Ce navigateur, au lieu de se charger d'une provision d'eau douce proportionnée à la distance de ses relâches, s'est muni d'un simple appareil fourni par les laboratoires de la science; il a pris du combustible, comme on prend habituellement du lest; et dès-lors, sans craindre les retards des calmes et les contrariétés des tempêtes, il s'est livré sur le vaste Océan, à l'exploration des rives inconnues et des dangers ignorés encore par les navigateurs des deux mondes (1).

Pour opérer la distillation de l'eau de mer, on doit un nouvel appareil à l'esprit inventif d'un jeune ingénieur (2) qui reçut de la nature tous les dons de l'activité, du zèle et du courage; qui venait d'achever avec un succès complet la construction

---

(1) Pour montrer par des faits, l'efficacité du nouveau moyen employé, contentons-nous d'observer qu'un kilogramme de charbon produit près de 7 kilogrammes d'eau distillée. Par conséquent cent tonneaux de combustible représentent à-peu-près sept cents tonneaux d'eau potable; et l'on peut, tout d'un coup, accroître de six cents tonneaux une cargaison précieuse; ou bien rendre d'autant plus léger et plus rapide un navire dont la marche devrait être la qualité principale.

(2) M. le Breton, qui conduisit avec honneur pendant plusieurs années, sa compagnie d'ouvriers militaires, avec les troupes du génie de terre attachées à la grande armée.

de deux bateaux à vapeur destinés à naviguer en pleine mer, aussi bien que sur les côtes, et qui, les ayant accompagnés jusque dans les eaux du Sénégal, est mort victime d'un climat redoutable.

D'autres soins, d'autres besoins, inspirés par l'humanité, dirigés, satisfaits par la science, ont permis de conserver dans toute leur fraîcheur, pendant les plus longues traversées, ces viandes substantielles dont les sucs réparateurs soutiennent le matelot dans les dûrs travaux de la mer (1). Les plus tendres végétaux, les mets les plus délicats fournis par le règne animal, conservés aussi long-temps dans toute leur saveur, peuvent rendre plus agréable et plus saine la nourriture de l'officier et du voyageur opulent. Graces aux progrès de l'hygiène navale, les bienfaits d'une ingénieuse philanthropie se sont graduellement étendus sur la qualité de tous les aliments, sur la régularité de la vie, sur la propreté du navire et des hommes qui l'habitent (3). Aussi, les

(1) Procédés inventés par M. Appert, M. d'Arcet, etc.

(2) Au sujet des travaux relatifs à l'hygiène navale, nous citerons plusieurs écrits publiés depuis 1815, par M. Keraudren, inspecteur-général du service médical de la marine, sur les propriétés médicales de l'eau de mer, naturelle ou distillée, sur la santé des gens de mer, etc....

fièvres, les maladies cutanées et le scorbut, qui jadis sur nos vaisseaux faisaient d'horribles ravages, sont maintenant à leur bord des maladies presque inconnues.

Si nous quittons les apprêts des voyages pour envisager les travaux stables de nos ports, nous y verrons par-tout les marques d'un esprit de perfectionnement développé depuis la paix.

Au port de Lorient, un abri nouveau (1), plus somptueux et plus vaste que ceux dont Venise cachait sa flotte mystérieuse, permet, par tous les temps et dans toutes les saisons, de travailler à construire un vaisseau. Des hangars aussi spacieux, aussi commodes, mais plus simples et moins dispendieux, seront érigés peu-à-peu sur toutes les calles de nos chantiers (2). Par-là, pen-

---

(1) Bâti par M. Lamblardie, ancien élève de l'école Polytechnique, aujourd'hui directeur des travaux hydrauliques et des bâtiments civils de la marine, à Brest. On doit aussi construire à Lorient un bassin de construction; mais les travaux ne sont pas encore commencés.

(2) A côté des calles couvertes on érige des hangars pour la conservation des bois de construction. Afin d'approvisionner nos ports, et pour épargner les forêts épuisées du centre de la France, on s'occupe de plus en plus à développer et perfectionner l'exploitation des bois de la Corse et des Pyrénées.

dant la paix sera conservée sans détérioration la charpente à demi terminée des navires de l'État; et quand arrivera le moment du besoin, en peu de jours nos bâtiments terminés et lancés à la mer iront tenter le sort d'une fortune que nous aurons, pendant la paix, travaillé à rendre heureuse.

Les travaux de Cherbourg, suspendus d'abord par le malheur et la pénurie des circonstances, reviennent peu-à-peu vers leur activité passée. Le directeur de ces travaux (1) a consacré les loisirs d'une interruption douloureuse, à préparer les matériaux d'une description dont il a déja soumis (2) quelques fragments à l'examen de l'Académie. L'importance des observations, la clarté de l'exposition, enfin l'exécution parfaite des dessins et des gravures, placeront cet ouvrage au rang de ceux qui font connaître dignement aux nations les monuments de la France.

Les soins du matériel ne sont pas l'unique

Un officier du génie maritime est envoyé dans les forêts de la Guyanne, pour y former un plan d'exploitations nouvelles.

(1) M. Cachin, directeur des travaux hydrauliques et des bâtiments civils de la marine, à Cherbourg, avec rang d'inspecteur-général, etc.

(2) En 1819.

objet des améliorations et du perfectionnement : on s'occupe aussi des établissements qui peuvent contribuer à conserver, à propager d'utiles connaissances. En faveur de la classe ouvrière, l'enseignement mutuel, à travers mille obstacles, a forcé l'enceinte de nos ports : il y prospère(1). Une sévère économie, commandée sans doute par les moyens pécuniaires trop bornés de la Marine, n'a pas permis jusques ici de donner aux maîtres et contre-maîtres qui surveillent l'exécution des travaux, un salaire proportionné à l'activité, au zèle, au talent qu'exigent leurs pénibles fonctions; et cette classe si recommandable à tant d'égards, peut à peine trouver dans un gain légitime, de quoi procurer à ses enfants l'éducation la plus modeste et l'instruction la plus bornée. On a commencé d'établir des écoles spéciales, où l'on enseigne à cette intéressante jeunesse les éléments de calcul, de géométrie et de dessin, nécessaires au tracé des vaisseaux, ainsi que les principes de statique nécessaires à l'intelligence et au calcul de l'effet et du jeu des machines. (2) A la fin de chaque

(1) L'école de Brest est dirigée par M. Arnaud, ingénieur, dont le zèle et le mérite égalent la modestie et les services.

(2) Nous citerons comme un modèle le plan de ces écoles,

année, des médailles en or seront données en prix aux meilleurs élèves, qu'on récompensera mieux encore par un avancement spécial.

Quant à la création des établissements utiles au progrès général des sciences et des arts de la Marine, Brest était le seul port qui n'eût plus à désirer des créations nouvelles. Depuis la paix, on s'occupe des moyens de former des bibliothèques dans l'enceinte de chacun des autres arsenaux. Dans presque tous, des cabinets d'histoire naturelle et des jardins des plantes sont enrichis, à chaque voyage entrepris par nos bâtiments (1),

---

dû à M. Tupinier, officier supérieur au corps du génie maritime et sous-directeur des ports et arsenaux de France. C'est le même ingénieur qui transportait, au moyen de chameaux de sa construction, par-dessus le barrage des lagunes, des vaisseaux d'une force dont n'avaient jamais approché les bâtiments de la marine vénitienne.

(1) Collections remises par les docteurs Huet, Fouilloy et Lesson, à la suite des voyages entrepris, par la Cybèle, le Golo, etc. M. Leschenau, attaché au jardin des plantes de notre établissement de Pondichery, a fait des envois précieux au Muséum d'histoire naturelle de Paris. Nous citerons à ce sujet : 1° l'instruction pour les voyageurs naturalistes et pour les employés dans les colonies, sur la manière de recueillir, de conserver et d'envoyer les objets d'histoire naturelle : rédigée en

sur des rives étrangères et dans nos colonies où des naturalistes, entretenus par la Marine, préparent à la France des envois précieux pour l'industrie et pour l'agriculture. Un observatoire est bâti pour Toulon, un autre va l'être pour Rochefort. Dans ces deux ports, des musées maritimes sont formés (1) pour conserver le type des navires les plus fameux que le temps va détruire ou qui déja sont détruits. Les modèles des machines les plus ingénieuses, la représentation des manœuvres les plus intéressantes; un choix méthodique des matières premières, des outils, des produits de tous les arts exercés dans l'enceinte d'un arsenal : telles sont les richesses qu'on s'est efforcé de réunir.

Quittons maintenant l'enceinte de nos arsenaux et de nos ports, et considérons les travaux

---

1818, sur l'invitation de M. Molé, ministre de la marine, par MM. les professeurs du jardin des plantes de Paris. 2° Le manuel de *taxidermie*, publié par M. Lesson, officier de santé de la marine.

(1) L'institution du musée de Toulon date de 1814, elle est due au zèle éclairé du contre amiral Lhermitte, alors préfet maritime, en retraite aujourd'hui, et regretté de toute la marine pour sa valeur et ses talents. L'institution du musée de Rochefort date de 1815 : c'est M. Hubert qui l'a formé.

dont l'objet est de rendre la navigation plus facile et moins périlleuse.

On a commencé sur nos côtes de l'Océan et de la Méditerranée, le relèvement exact et complet de tout ce qui peut être favorable ou dangereux à la navigation. Il y a plus de cent cinquante ans qu'on entreprit pour la première fois cet immense travail ; il fut recommencé cent ans après. On l'entreprend aujourd'hui sur un plan beaucoup plus vaste. On opère sur des bases bien plus certaines; parce qu'on l'exécute avec tous les secours d'une science et d'une industrie également perfectionnées.

Les hydrographes du 17e siècle n'employaient que le graphomètre dans leurs relèvements faits à terre, et la boussole, dans leurs relèvements faits à la mer, pour déterminer la position de tous les points remarquables, de tous les dangers visibles. Quant aux bas-fonds, aux nombreux écueils dont nos côtes sont semées, ils semblent le plus souvent s'en être rapportés aux opérations des pilotes côtiers.

Les hydrographes du 18e siècle ont fait un plus fréquent usage de la sonde. Dans le travail qu'ils ont exécuté, un astronome de l'académie des sciences s'occupait spécialement des opérations que l'on peut faire à terre, un officier de la Marine exécutait les opérations qu'on ne peut faire qu'à la mer. Ce travail est autant supérieur à celui de l'époque précédente, qu'il est inférieur aux travaux de l'époque actuelle.

L'Atlas du voyage entrepris à la recherche de la Peyrouse, la confection des cartes hydrographiques des côtes de la Belgique et des ports Anséatiques; du cours et des bouches de l'Escaut, de l'Elbe et du Weser; des rades et des ports militaires de l'Istrie et de la Dalmatie: tels sont les premiers travaux d'un de nos collègues (M. Beautemps-Beaupré), appelé depuis la paix à faire pour les côtes de la France, ce qu'il avait pendant la guerre exécuté pour les confins de nos conquêtes, c'est-à-dire pour les trois mers de l'Océan, de la Baltique et de la Méditerranée.

Le gouvernement français a fourni les moyens de l'entreprise nouvelle avec une magnificence digne d'un grand peuple. Trois navires montés par soixante-dix marins éprouvés; les plus habiles hydrographes, élèves et compagnons du directeur des opérations; et, depuis une année, les officiers d'une goëlette, mis à sa disposition pour être formés à son école: voilà les éléments d'un travail commencé seulement depuis 1816, et dont les tables d'observations, conservées soigneusement dans notre dépôt maritime, forment, dès-à-présent, une collection de cinquante volumes in-4°.

Ces cinquante volumes ne serviront qu'à la confection de neuf cartes nautiques ; et ces neuf cartes, malgré leur grandeur, ne comprendront qu'une étendue moindre du dixième des côtes de la France.

Un ingénieur(1) que l'Institut dans ses concours a déja couronné du laurier académique, est chargé des grandes opérations d'astronomie qui rattachent la position des points principaux de la côte, à la triangulation de Cassini. La suite de ces mesures doit rattacher avec bien plus de rigueur encore cette même position aux grandes bases qu'on pourrait appeler les deux axes de la France.

D'autres ingénieurs exécutent les travaux de géodesie qui fixent le lieu précis de tous les points en vue de la mer, et qui peuvent servir au navigateur pour le guider dans sa route. Enfin, l'ingénieur en chef, avec les officiers qui l'accompagnent, embarqué sur les navires d'observation,

(1) M. Daussy.

dirige par lui-même toutes les opérations qui sont faites à la mer (1).

Pendant ce temps, de quart d'heure en quart d'heure, au moyen d'échelles bien graduées, établies sur la côte voisine, on note la quantité dont la mer s'élève ou s'abaisse, indépendamment de toute autre observation.

Ainsi les hydrographes, conduits sur des embarcations stables, quoique agiles, n'ayant plus à s'occuper ni des variations de la marée, ni de la position des observateurs de la terre, ont seulement à déterminer, pour chaque point où ils arrivent, les angles formés par la vue d'au moins trois objets fixes du rivage, la profondeur de la mer et la nature du sol : ces trois opérations sont exécutées au même instant.

Lorsqu'il s'agit de fixer la position de quelque endroit périlleux, on s'y établit à demeure; on en fait le centre d'un panorama des objets marquants qui bordent l'horizon, on détermine les angles que font entre eux les rayons visuels menés à ces

---

(1) On sonde avec un instrument nouveau, perfectionné de manière à connaître la nature du sol soumarin, non-seulement à la superficie, mais à des profondeurs qui dépassent le point jusqu'où peut s'enfoncer l'ancre la plus pesante.

objets divers. Enfin, des directions habilement saisies, entre le lieu du danger et les objets bien apparents au milieu de la mer, ou sur la côte, ou dans les terres, servent à marquer des limites à la droite ou à la gauche desquelles il faudra toujours gouverner pour ne pas tomber sur un écueil invisible (1).

Par ces moyens réunis, on a rectifié la position d'une foule de dangers jusqu'alors faussement indiqués. On en a découvert de nouveaux qui, s'ils ont été connus, ne l'ont été qu'au moment du naufrage, et par des navires engloutissant dans les flots cette funeste connaissance. On a découvert aussi des passes nouvelles, souvent précieuses en temps de paix, et toujours en temps de guerre. C'est ainsi qu'en quatre campagnes on a déterminé dans un immense détail tous les écueils, toutes les passes, tous les bas-fonds de la rade et des abords de Brest jusqu'à

---

(1) Telle est la méthode suivie par M. Beautemps-Beaupré, dans le Pilote Français, dont la première partie a paru en 1819. Cette méthode tombe sous les sens avec beaucoup plus d'évidence que celles qu'on avait suivies jusqu'alors. Les caboteurs, dont l'intelligence et l'instruction sont les plus bornées, trouveront facile un tel moyen. C'est un service encore plus grand pour la marine du commerce que pour la marine de l'État.

la baie de Quiberon. Cette année, les opérations s'étendront de ce point jusqu'à la Loire, pour se rattacher à la mesure d'un parallèle de la terre, entrepris dans la partie la plus large de la France, par les géographes du dépôt de la guerre. En revenant vers le septentrion pour se rattacher aux opérations hydrographiques exécutées jadis sur les côtes de la Flandre, l'auteur de ce premier travail rejoindra la ligne méridienne déterminée par les opérations de nos plus célèbres astronomes qui, depuis les îles Baléares jusqu'aux îles extrêmes de l'Écosse, ont mesuré l'arc méridien qui traverse la France dans toute sa longueur.

Ces travaux sont dignes de concourir à l'achèvement d'une carte générale qui, dirigée par le Nestor (1) de nos plus grands géomètres, lorsqu'elle sera comparée à la carte si justement fameuse de Cassini, montrera cependant de combien les sciences et les arts utiles du 19e siècle l'emportent sur les arts et les sciences de Louis-le-Grand.

Il ne suffit pas de connaître les côtes de la France: nos navires militaires ou marchands sont appelés

---

(1) M. de la Place, membre de l'Institut, ancien examinateur des élèves du génie maritime, pair de France, etc.

à visiter les côtes de l'univers entier. Le Gouvernemet a conçu la pensée de faire explorer par la marine de l'Etat, pour le bien du commerce, les rives de toutes les mers. Mais pour exécuter un tel projet, il fallait recourir à des méthodes qui réunissent à-la-fois l'exactitude et la célérité. C'est ici que les travaux d'hydrographie se lient plus étroitement aux opérations de l'homme de mer. Déja, Messieurs, un savant que la marine et l'Académie des sciences comptent également dans leurs rangs, vous a fait, dans cette enceinte, un exposé des progrès de la navigation. Mais sa modestie vous a tu la part qu'il prit lui-même à ces progrès dans le voyage dont il a publié la relation et les résultats, après en avoir partagé les périls, les travaux et l'honneur(1).

C'est au voyage où d'Entrecasteaux fut à la recherche de la Peyrouse, qu'il faut rapporter le complément des grandes innovations qui font de l'hydrographie une science en quelque sorte nouvelle.

---

(1) M. de Rossel, ancien capitaine de vaisseau, sous-directeur du dépôt des cartes et plans de la marine: Discours sur l'état et les progrès de la navigation, prononcé à la séance publique des quatre académies, le 24 avril 1817.

Les cartes marines, dressées d'après les observations et les calculs de cette expédition, sur des côtes auparavant inconnues, ont surpassé de beaucoup en exactitude celles des côtes visitées et connues depuis plusieurs générations. C'est donc à dater de la publication récente encore du voyage de d'Entrecasteaux, qu'on a reconnu la possibilité de déterminer, avec une perfection nouvelle, la configuration des côtes de toutes les mers.

Dès 1815, on a formé le projet de rectifier ainsi les éléments des cartes de la Méditerranée et de la côte océanique du continent africain.

Au printemps de 1816, un capitaine de frégate (1), bien versé dans toutes les connaissances astronomiques, a commencé l'exploration du littoral de la Méditerranée. Dans sa première campagne, il a déterminé la longitude et la latitude des points principaux de la côte d'Afrique, depuis Alger jusqu'au-delà des ruines d'Arsinoé et de Ptolemaïs; puis des îles Baléares, de Malte, de Lampedouse et de Candie; des îles Ioniennes; de la Morée, de l'Albanie, du sud de l'Italie, et de la Sicile.

Dans la campagne de 1817, le même observa-

(1) M. Gauttier, ancien officier d'état-major de l'escadre de la méditerranée.

teur reprend les côtes de la Sicile; fixe de nouveaux points à Malte, à Candie; vient à Rhodes, à Chypre, sur les côtes de l'Egypte et de la Syrie; traverse à maintes reprises, et de différents lieux, la Méditerranée, pour assurer par ces routes transversales, et par des observations comparées, la position des points opposés des côtes d'Europe et d'Afrique; longe ensuite la côte de l'Italie et de la France, depuis Naples jusqu'à Nice, et de Nice jusqu'à Toulon.

La campagne de 1818 fut consacrée d'abord aux côtes de l'Adriatique; Etats romains et de Venise, Istrie, Croatie, Dalmatie, Albanie; et de nouveau les îles Ioniennes, et le Péloponèse.

Enfin la campagne de 1819 a suffi pour la détermination précise des caps les plus importants, et des points culminants des îles sans nombre de l'Archipel de la Grèce.

Voilà ce qu'on a fait, en quatre ans, pour la méditerranée. Le printemps et l'été de 1820 vont être consacrés à l'exploration de la mer Noire, et termineront cette première entreprise.

Passons aux travaux de l'Océan.

En 1817 un capitaine de vaisseau (1), comman-

(1) M. Roussin.

dant la frégate la Bayadère, secondé par le capitaine de l'Aviso le Lévrier (1), et par un ingénieur hydrographe (2), a reconnu les côtes d'Afrique, depuis les dunes de Cintra jusqu'au promontoire de Naze. On n'avait pas ici (comme dans l'expédition précédente) pour but unique, de déterminer la position astronomique des points isolés; l'objet le plus important était de déterminer la figure générale de la côte, la nature de abords et les principaux dangers. En 1818, avant de s'élever jusqu'au voisinage de Sierra Leone, les observations de la campagne précédente ont été rattachées, dans une étendue de quatre-vingts lieues de côtes, avec celles que Borda fit en 1776, et qui seraient un chef-d'œuvre, si ce savant navigateur eût employé toujours, au lieu de la boussole, le cercle répétiteur que lui doivent la Marine et l'Astronomie (3).

Dans la durée de deux campagnes seulement,

(1) M. Legoarant, lieutenant de Vaisseau.

(2) M. Givry.

(3) Les manuscrits de ce voyage, qui n'a jamais été publié, existent au dépôt de la marine. Ils sont précieux, et par la célébrité de leur auteur, et comme faisant époque dans l'histoire de l'art. Faisons des vœux pour que le Gouvernement entreprenne, à ses frais, la publication de ce bel ouvrage.

on a sondé et relevé plus de quatre cents lieues de côtes.

En 1819, les mêmes bâtiments, passant aux rives de l'Amérique, ont exécuté les mêmes opérations sur tout le littoral du Brésil.

Tant de matériaux recueillis au dépôt de la marine, et joints aux lumières obtenues déja sur la forme générale des côtes; enfin, soumis à la sévère analyse des Buaches, des Rossel et des Beautems-Beaupré, permettent au corps des hydrographes, organisé depuis peu (1), de dresser des cartes qui seront autant au-dessus des résultats antérieurs de la géographie, que la rigueur des nouveaux moyens d'opérer et l'étendue des opérations sont au-dessus des moyens et des opérations des premiers observateurs. Déja plusieurs cartes perfectionnées sont construites, leur gravure s'avance; et bientôt l'on verra paraître, par la publication nationale du résultat de ces travaux, un de ces présents immortels que la France est accoutumée de faire aux nations des deux mondes, sans autre intérêt que celui d'attacher sa gloire à des services rendus à tous les peuples de la terre (2).

(1) En 1814....

(2) Depuis la paix le nombre des cartes hydrographiques,

Jusqu'ici nous n'avons parlé que des travaux dont le but est de déterminer, soit la courbure et l'étendue des meridiens et des parallèles, soit la position et la figure des continents et des côtes de l'hémisphère où l'Europe est située.

Les vues scientifiques de la France se sont étendues jusqu'à l'autre hémisphère. Un des principaux coopérateurs de l'expédition du capitaine Baudin (1) est parti depuis trois ans sur la corvette l'Uranie, pour aller, à l'aide du pendule, déterminer les éléments de la courbure de l'hémisphère austral. Il doit étudier aussi les variations de l'aiguille aimantée, et reconnaître le cours des lignes magnétiques pour lesquelles l'aiguille est précisément dirigée du sud au nord ; enfin il doit joindre à ces principaux sujets d'étude, l'observation de tous les phénomènes qui peuvent intéresser la physique, l'astronomie et la navigation.

---

publié par le dépôt de la marine, sur toutes les parties du monde, est extrêmement considérable : En 1819, M. Portal, ministre de la marine, a fait présent à l'Académie des sciences des dix Neptunes qui composent l'hydrographie française. Ces dix Neptunes présentent une division nouvelle, plus avantageuse que l'ancienne, et beaucoup d'améliorations importantes et récentes.

(1) Le capitaine Louis Freycinet, parti en 1817.

Maintenant, Messieurs, le goût des recherches scientifiques est tellement répandu, que nos simples croisières trouvent le moyen, pendant qu'elles remplissent leur mission, et sans que les marins cessent de rester sous voile, de déterminer la position des points principaux des côtes, et la nature de leurs abords avec plus d'exactitude qu'on n'y parvenait auparavant, en débarquant pour travailler avec loisir. C'est ainsi qu'opèrent aujourd'hui les bâtiments de la croisière des Antilles, commandés par un général qu'ont rendu célèbre les combats qu'il a livrés et gagnés dans les mers de l'Inde (1).

Malgré l'attention la plus scrupuleuse des observateurs, et l'excellence de leurs méthodes de calcul, s'ils n'avaient pas des instruments parfaits, les données qu'ils relèvent étant fausses, ou du moins trop sensiblement inexactes, il serait impossible que leurs résultats obtinssent une grande précision. A cet égard, Messieurs, les arts nécessaires aux observateurs maritimes ont pris en France un essor prodigieux. Par les travaux des Lenoir et des Fortin, des Cauchois et des Lerebours, nos instruments à réflexion et nos lunettes

(1) Le contre-amiral Duperré.

astronomiques sont au moins égales à ce que les Anglais ont obtenu de plus parfait en instruments d'optique et d'astronomie (1). Ces arts, loin d'être déchus depuis la paix, font chaque année quelque progrès. De nouveaux artistes marchent sur les traces de leurs maîtres ; et nous avons l'assurance de voir de plus en plus prospérer parmi nous cette savante industrie.

Berthoud, premier horloger de la marine, avait atteint, dans la construction des chronomètres, un degré de perfection que les Anglais n'ont pas encore dépassé. Depuis trois ans, un héritier de son génie, que l'Académie des Sciences compte dans son sein, comme jadis elle y comptait Berthoud, a, par des inventions inespérées, reculé les bornes d'un art qu'on croyait à son dernier terme.

Dans le court espace de temps dont je puis disposer pour vous parler du progrès de nos connaissances maritimes, il me serait impossible de vous donner une idée complète des difficultés sans nombre qui se présentaient, et des moyens ingénieux employés par M. Bréguet, pour en triompher. Vous avez remarqué sans doute, dans

---

(1) Voyez à ce sujet les rapports faits à l'Institut par MM. Arago, Biot et Prony, ainsi que les rapports des jurys pour l'exposition des produits de l'industrie en 1806 et 1819.

les montres ordinaires, comme on le voit dans les montres marines, cette fusée de figure conique, autour de laquelle est enroulée la chaîne qui se déroule par degrés insensibles à chaque vibration du balancier. Pour assurer une grande précision à la marche de l'instrument, cette chaîne, malgré sa petitesse, doit contenir près de neuf cents chaînons réunis par plus de cinq cents goupilles toutes rivées. Or, une seule rivure défectueuse, un peu de rouille attachée à quelque chaînon, suffit pour causer la rupture de la chaîne et détruire le jeu de la montre. D'ailleurs, la fusée présente une masse considérable par rapport aux autres parties de l'instrument; il faut pour la mouvoir un ressort dont l'action habituelle approche tellement des limites de sa force d'élasticité, qu'il est souvent exposé à se rompre. M. Breguet supprime et la chaîne et la fusée, et tous leurs accessoires. Deux ressorts, au lieu d'un seul, plus grands et 16 fois plus élastiques, sont placés dans 2 barillets agissant par un engrenage sur la première des roues. L'emploi d'aussi puissants ressorts n'a pas pour objet de fournir plus de force, mais d'employer une moindre partie de leur force, pour rendre ainsi leur action plus sûre et plus uniforme.

Atténuer les pressions et les frottements, diminuer ou prévenir les chocs, favoriser les actions d'élasticité, rendre plus difficile qu'aucun élément ne se rompe ou ne se fausse, assurer la durée de l'instrument, et la stabilité, la régularité de sa marche; voilà le but que s'étaient proposé d'atteindre et qu'ont atteint messieurs Breguet, car le fils partage depuis plusieurs années les travaux et les inventions de son père.

Ce n'est pas seulement dans la force motrice des montres marines, que ces artistes célèbres ont introduit des améliorations; ils ont disposé plus avantageusement les rouages, ils ont inventé pour le jeu du balancier, un échappement dont la délicatesse même est au nombre des causes de sa durée et de sa sûreté. Ils ont divisé leur horloge en trois parties bien distinctes dont chacune peut être montée et démontée, sans déplacer les deux autres. D'après cette division, le travail des parties les plus communes est fait en entier par des ouvriers secondaires, et le travail qui requiert tout le talent de l'artiste, séparé d'une occupation plus vulgaire, est réservé, sans perte d'un temps précieux, à la main la plus sûre et la plus industrieuse. Cette division a l'avantage de faciliter les réparations et les rechanges. Toutes les pièces analogues de toutes les montres marines de messieurs Breguet, sont taillées sur le même modèle, et pour remplacer chaque partie manquante, on peut prendre au hasard, parmi les parties du même genre tenues en réserve.

Nos rivaux en industrie ont fait de cette admirable division, un éloge qui, dans les conceptions de leur fierté nationale, est le plus beau des éloges : cette invention, ont-ils dit en la jugeant, est digne de la grandeur de l'Angleterre(1). Sans disputer sur ce suffrage, nous nous

---

(1) M. Breguet *has lately executed an idea which is worthy of the greatness of England*, est-il dit dans un article de la Revue d'Edinburgh, sur l'habileté et l'industrie comparées de la France et de l'Angleterre (64e numéro, publié récemment). On est fâché de voir un journal littéraire et scientifique, célèbre par la libéralité de ses principes et de ses opinions, envers ses concitoyens comme envers les peuples étrangers, prendre tout-à-coup dans cet article un caractère d'injustice et d'hostilité qui n'est ni dans le cœur, ni dans l'esprit des principaux rédacteurs de cet ouvrage. Cet article est d'ailleurs plein d'erreurs matérielles les plus grossières. L'auteur ne sait pas même exactement le nom du plus célèbre opticien de l'Angleterre, qu'il appelle constamment *Dolland*. Dollond est issu d'un protestant français refugié en Angleterre et né à Bordeaux; et l'Edinburgh-Review déclare que Dollond est Anglais. M. Bre-

contenterons d'observer qu'elle appartient à la grandeur du génie de la France; et nous le disons en dépit des efforts récemment employés pour contester à l'auteur une origine dont il fait gloire. Descendant de Français et père de Français, élevé parmi nous dès son enfance, et formé par nos grands maîtres, son talent, sa naissance et sa vie nous appartiennent.

Déja plusieurs officiers de marine, qui commandent pour l'Etat et pour le commerce, ont, à diverses reprises, employé les nouveaux chronomètres de MM. Breguet, dans les navigations les plus lointaines. Des épreuves authentiques ont été faites, et leur résultat a prouvé que même les montres portatives les moins grandes et les moins

---

guet, issu d'un protestant français, est né à Neuchâtel, mais fut élevé en France, et l'Edinburgh-Review déclare que M. Breguet est Suisse. Son fils est né à Paris, il y a été élevé; depuis nombre d'années il participe aux découvertes de son père, et l'Edinburgh-Review n'en parle pas : il faut prouver avant tout que les travaux auxquels est attaché le nom de Breguet, par cela même qu'ils sont dignes de la grandeur de l'Angleterre, ne peuvent pas être français. Est-il possible qu'on apporte dans les sciences et dans les arts une aussi misérable duplicité? Ne suffirait-il pas d'en faire le plus ample usage dans la haute diplomatie et dans la basse politique?....

couteuses l'emportent sur les meilleurs chronomètres de l'Angleterre (1).

Si le temps nous le permettait, pour compléter le tableau des progrès de nos connaissances en marine, il faudrait indiquer la nature et le mérite des principaux ouvrages publiés depuis la paix sur toutes les branches de nos arts. Vous verriez qu'il est peu de parties où les officiers des divers corps de la marine n'aient fait paraître quelque production utile à l'Etat ou au commerce. Des Traités sur l'artillerie (2) de marine, sur l'art des combats

---

(1) Voyez à ce sujet dans le rapport du jury central pour l'exposition des produits de l'industrie (année 1819), page 243 et suivantes, les expériences comparatives entre les chronomètres d'Earnshaw et de MM. Bréguet, extraites d'un travail fait à ce sujet par M. Arago, astronome et membre de l'Académie des sciences.

(2) Nous citerons au premier rang les utiles et nombreux travaux de M. Montgery, capitaine de frégate : 1° Règles de pointage à bord des vaisseaux, ou recherches sur ce qui est prescrit à cet égard dans les exercices de 1808 et de 1811; suivies de notes sur diverses branches de l'artillerie en général, et en particulier de l'artillerie de la marine militaire, 1 vol. in-4° (1816).

2° Mémoire sur les mines flottantes et les pétards flottants, ou machines infernales maritimes, 1 vol. in-8° (1819).

Exercices et manœuvres du canon à bord des vaisseaux du roi,

de mer, et sur leur histoire (1), sur la mâture et le grément des navires (2) militaires et marchands, sur les bateaux à vapeur et leur usage pour la so-

---

et réglement sur le mode d'exercice des officiers et des équipages, nouvelle édition, augmentée de nouvelles manœuvres des deux bords, et de plusieurs tables de pointage extraites de Churrucca, par M. Willaumez, capitaine de vaisseau (1815). Paris.

Traité sur l'art des combats de mer, par M. Delarouvraye, lieutenant de vaisseau (1815). Paris.

Précis des pratiques de l'art naval en France, en Espagne et en Angleterre, par M. Babron, lieutenant de vaisseau (1817).

(1) Victoires et conquêtes des Français, partie de la marine rédigée par M. Parizot, lieutenant de vaisseau.

Essai historique et critique sur la marine fançaise, par M. Laserre (1814).

(2) Nouvelle édition du traité de mâture de Forfait, avec des notes importantes et nombreuses du capitaine Willaumez (1815).

Mémoire de M. Rolland, inspecteur général du génie maritime, sur le système de construction des mâts d'assemblage en usage dans les ports de Hollande, et sur les modifications que l'on propose d'y apporter.

Tables comparatives des principales dimensions des bâtiments de guerre français et anglais de tous les rangs, de leur mâture, grément, artillerie, etc., par M. Gicquel Destouches, ancien capitaine de Vaisseau (1817).

Traité des manœuvres courantes et dormantes, par M. Gicquel Destouches, ancien capitaine de vaisseau.

ciété (1); la partie mécanique et physique de l'expédition du capitaine Baudin (2), la relation de voyages divers dans les mers de l'Inde (3), de la Chine (4), et du pôle boréal (5); un pilote, un

---

Dictionnaire de marine, par le vice-amiral Willaumez. Dans ce dictionnaire l'auteur développe toutes ses vues sur le perfectionnement de l'accastillage, de l'armement et du grément des navires (1820).

(1) Essai sur l'art de la navigation par la vapeur, 1 vol. in-4°, par M. Gilbert, officier du génie maritime (1820).

(2) Voyage de découvertes aux terres Australes, *Navigation* et *géographie*, 1 vol. in-4° avec atlas : partie rédigée par M. Louis Freycinet, aujourd'hui capitaine de vaisseau (1815).

(3) Relation du voyage de la frégate Cybèle, par M. le capitaine de vaisseau Kergariou (1816 à 1818).

(4) Relation du voyage de M. Milius, capitaine de vaisseau (1817).

Lorsque M. Milius, aujourd'hui gouverneur de l'île de Bourbon, était directeur du port de Brest, il s'occupait des moyens d'augmenter la durée des bâtiments de guerre désarmés, et ses soins éclairés ont obtenu le succès dont ils étaient dignes.

(5) Relation d'un voyage fait au pôle boréal sur la frégate la Syrène, avec une notice géographique et physique sur l'Islande, par M. de la Poix de Freminville, lieutenant de vaisseau. (1819).

Mémoire sur l'état actuel de l'Hydrographie des mers boréales; par le même (1820).

Neptune français (1), plus corrects, plus méthodiques, livrés à nos navigateurs; des Traités nouveaux d'hydrographie (2) pour les écoles ouvertes au commerce; enfin une foule d'autres ouvrages séparés, et beaucoup de mémoires sur toutes les parties, consignés dans les collections de l'Institut, dans les annales de physique et de chimie, et dans les annales maritimes, collection ouverte à tous les travaux utiles (3).

Je viens d'offrir une esquisse imparfaite des travaux scientifiques de la Marine dans le court espace de six années.

Voilà donc une faible partie de ce qu'ont fait pour la richesse, la force et la gloire de la France, des hommes, qui, pendant ces mêmes années, ont vu tant de fois demander avec assurance et dédain, s'ils n'étaient pas, s'ils ne

---

(1) Publiés par le dépôt des cartes et plans de la marine, d'après les travaux de M. Beautems-Beaupré, premier hydrographe, et membre de l'Institut (1819).

(2) Problêmes d'astronomie nautique et de navigation, etc., par M. Guépratte, directeur de l'Observatoire de Brest. (1816).

(3) La composition de cet ouvrage périodique, dont l'origine remonte au 1er janvier 1816, est due au zèle et aux soins de M. Bajot, chef du Bureau des lois de la marine, qui continue d'en être l'unique éditeur.

cesseraient pas enfin d'être à l'État un inutile fardeau? Voilà ce qu'ont fait des hommes qui, dans les temps antérieurs, avaient souvent cherché la mort, et mainte fois trouvé la gloire; qui n'obtinrent jamais les acclamations de tout un peuple pour prix de leurs succès si chèrement achetés! ni les regrets de la patrie pour prix de leur sang si chèrement vendu! et pas même la pitié pour prix d'une détresse (1) ignorée de la générosité nationale!.....

Pardonnez à ma voix de payer ce faible tribut à ceux dont je fus le compagnon et l'ami, pendant mes plus belles années; ils apprendront du moins qu'on ose rendre hommage à leur constance et parler de leurs travaux devant un auditoire élite de la France.

---

(1) C'est depuis 1819 seulement que les officiers de marine (encore au service) reçoivent à terre un traitement qui les tire de l'indigence où les avait plongé le système de 1816. Honneur à l'auteur de cette juste mesure.

www.ingramcontent.com/pod-product-compliance
Ingram Content Group UK Ltd.
Pitfield, Milton Keynes, MK11 3LW, UK
UKHW022143170726
13837UKWH00004B/1740